PFERDE
und
PONYS

Alles über deine Lieblingstiere

Text Andrea Mills
Fachliche Beratung Dr. Ruth Wonfor
Pädagogische Beratung Jenny Lane-Smith

Lektorat Satu Hämeenaho-Fox, Penny Smith, Sarah Larter, Shalini Agrawal, Shambhavi Thatte, Alka Thakur Hazarika, Malavika Talukder
Gestaltung und Bildredaktion Elaine Hewson, Mabel Chan, Helen Senior, Kartik Gera, Seepiya Sahni, Nidhi Mehra, Sumedha Chopra, Syed Md Farhan, Romi Chakraborty
Umschlaggestaltung Eleanor Bates, Francesca Young
Herstellung Dragana Puvacic, Amy Knight

Für die deutsche Ausgabe:
Programmleitung Monika Schlitzer
Redaktionsleitung Martina Glöde
Projektbetreuung Susanne Menten
Herstellungsleitung Dorothee Whittaker
Herstellungskoordination Claudia Rode
Herstellung Verena Marquart

Titel der englischen Originalausgabe:
The Everything Book of Horses and Ponies

Übersetzung Eva Sixt

ISBN 978-3-8310-3692-9

Druck und Bindung Leo Paper Products, China

MIX
Papier aus verantwortungsvollen Quellen
FSC® C020056

www.dorlingkindersley.de

Inhalt

In diesem Buch erfährst du jede Menge über uns!

Wer lebt wo?

In allen Ländern der Erde sind Pferde sehr beliebt. Aber wer hat diese Tiere gezähmt? Und wo hat man die verschiedenen Pferderassen gezüchtet?

Hauspferde

In Asien gibt es seit etwa 6000 Jahren Pferde, die von Menschen gezähmt wurden. Heute leben sie auf jedem Kontinent, außer in der Antarktis.

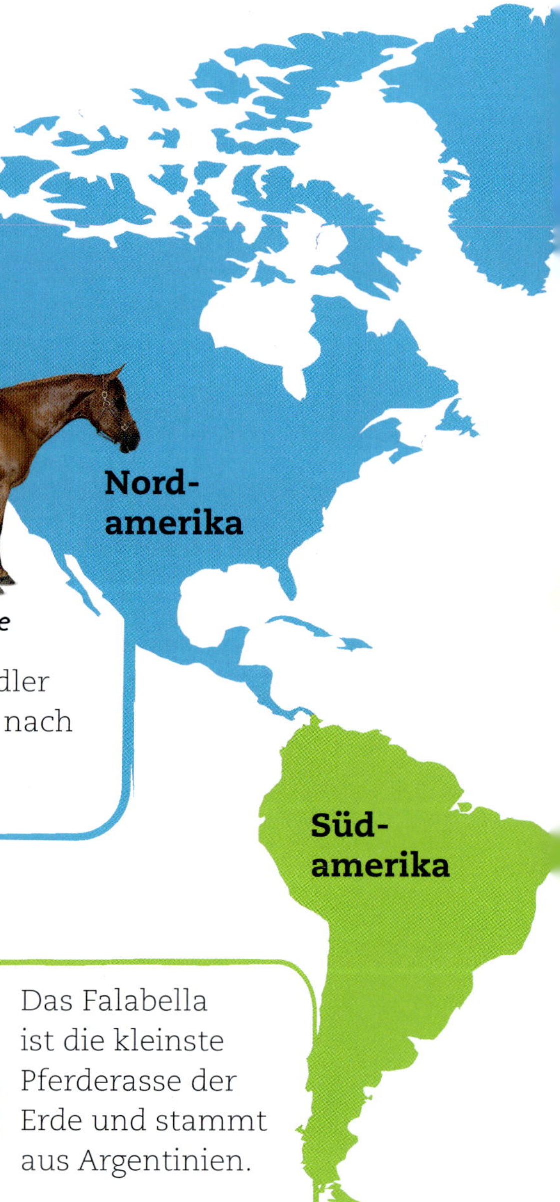

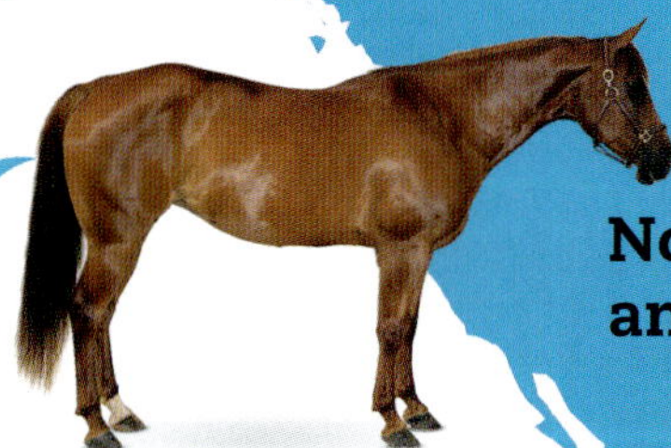

Quarter Horse

Europäische Siedler brachten Pferde nach Amerika.

Wildpferde

Auf der ganzen Erde gibt es nur sehr wenige echte Wildpferde. Unsere Hauspferde sind die Nachkommen solcher ungezähmten Pferde.

Falabella

Das Falabella ist die kleinste Pferderasse der Erde und stammt aus Argentinien.

Diese eleganten Pferde haben spanische Vorfahren.

Lipizzaner

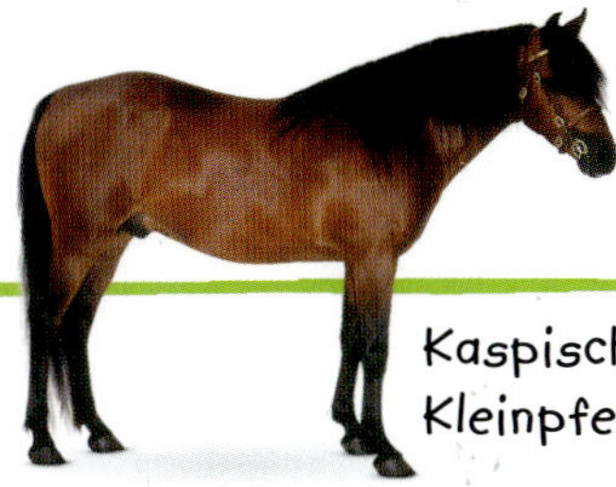

Kaspisches Kleinpferd

Dies ist ein Miniaturpferd aus dem Iran. Es ist klein wie ein Pony, hat aber den Körperbau eines größeren Pferds.

In Australien leben die meisten verwilderten Hauspferde: etwa 1 Million Brumbys!

Berber stammen aus Nordafrika. Sie sind sehr lebhafte und treue Pferde.

Berber

Obwohl sie nicht so aussehen, sind Nashörner nahe Verwandte der Pferde.

Australisches Stock Horse

Dieses ausdauernde Pferd haben Siedler für die trockenen Gebiete in Australien gezüchtet.

Groß und klein

Unter den Pferden und Ponys gibt es Riesen und Zwerge. Das Shire Horse ist so hoch wie ein erwachsener Mann, das Shetlandpony kleiner als ein 2-jähriges Kind.

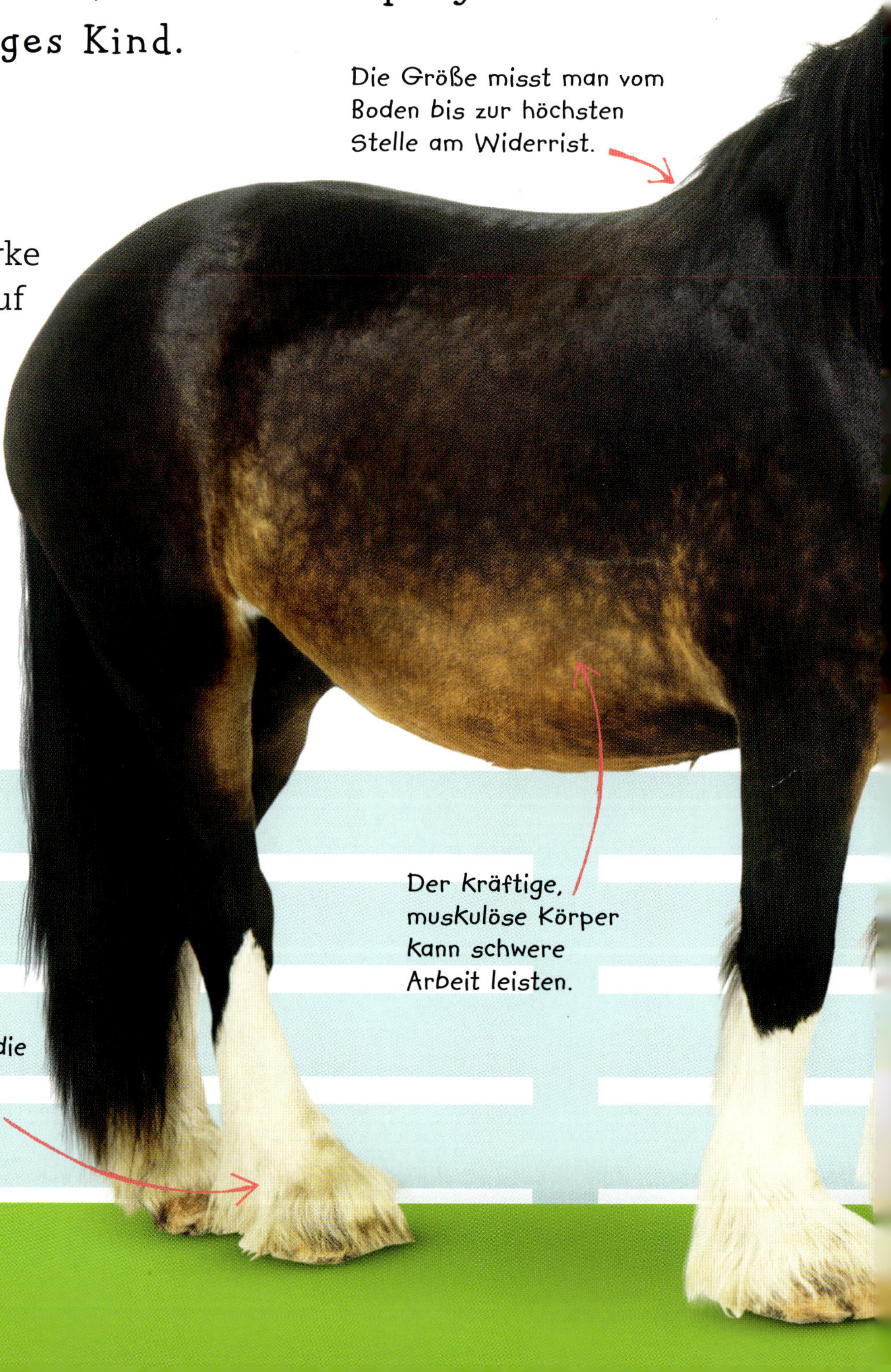

Shire Horse

Dieses riesige, starke Pferd zog früher auf Bauernhöfen schwere Wagen und Geräte.

Die Größe eines Pferds nennt man Stockmaß.

Kaltblüter

Die größten Rassen sind seit sehr langer Zeit Arbeitspferde.

Warmblüter

Diese mittelgroßen Pferde sind schnell und ausdauernd. Sie sind gute Reitpferde.

Ponys

Kleine Pferde mit einem Stockmaß von höchstens 148 cm nennt man Ponys.

Die Haut ist dick und die Halsmuskeln sind kräftig.

Shetlandpony

Dieses Pony ist sehr klein und wirklich süß. Es gehört zu den kleinsten Pferden der Welt.

Der Körper ist zwar klein, aber kräftig.

Von Kopf bis Schwanz

Pferde gehören zur Gruppe der Huftiere.

Pferde sind wunderschöne Tiere. Ihr Körper ist kräftig und ihre Bewegungen sind schnell und geschickt. Schon seit sehr langer Zeit helfen Pferde uns Menschen, und manche von ihnen leisten dabei schwere Arbeit.

Fell
Es gibt Pferde in unterschiedlichen Farben und mit verschiedenen Mustern.

Schweif
Dicke, lange Haare bilden den dichten Schweif.

Hufe
Die harten Hufe müssen zusätzlich mit Hufeisen geschützt werden, damit sie sich nicht abnutzen.

Mähne
Die dichte Mähne wärmt den Nacken und hält außerdem lästige Fliegen fern.

Ohren
Das Pferd kann seine Ohren in die Richtung wenden, aus der ein Geräusch kommt.

Kopf
Der Kopf ist lang und das Maul breit. Die Nasenlöcher nennt man Nüstern.

Augen
Weil die großen Augen seitlich am Kopf sitzen, hat das Pferd eine gute Rundumsicht.

Pferdefakten

Nahrung
Pferde sind Pflanzenfresser. Sie weiden Gräser und Kräuter ab. Außerdem fressen sie gern Karotten und Äpfel.

Fortbewegung
Ein Pferd beherrscht unterschiedliche Gangarten: Meist Schritt, Trab, Kanter und Galopp.

So schlafen Pferde
Pferde schlafen entweder im Stehen oder sie legen sich für kurze Zeit hin. Sie schlafen etwa 3 Stunden täglich.

Heranwachsen

Kleine Pferde wachsen schnell. Sie lernen von ihrer Mutter und den anderen Mitgliedern der Herde alles, was ein erwachsenes Pferd zum Überleben braucht.

Nach 2 Stunden
Schon bald nach der Geburt beginnt das Fohlen, bei seiner Mutter Milch zu trinken.

Nach 1 Stunde
Das Fohlen steht allein auf. Es ist aber noch sehr wackelig auf den Beinen.

Kurz nach der Geburt
Anders als Menschenbabys, Katzenjunge oder Hundewelpen kann das Fohlen bereits gut sehen und hören.

1 Woche alt
Das Fohlen bleibt in der ersten Woche nah bei seiner Mutter und trinkt regelmäßig Milch.

Bezeichnungen

Ein weibliches Fohlen nennt man Stutfohlen und ein männliches Hengstfohlen.

Stute und Fohlen
Weibliche Pferde nennt man Stuten und ihre Jungen Fohlen. Ein Pferd wächst fast 1 Jahr lang im Bauch seiner Mutter heran, bevor es zur Welt kommt.

1 Jahr alt
Das junge Pferd ist kräftiger und sein Körper größer. Es frisst jetzt Gras.

Erwachsen
Pferde wachsen schnell, bis sie 2 Jahre alt sind, ab dann wachsen sie langsamer. Mit etwa 4 Jahren sind sie ausgewachsen.

Fellfarben

Das Pferdefell kann unterschiedliche Farben haben. Manche Pferde sind schneeweiß, andere rabenschwarz. Und es gibt Pferde in ganz unterschiedlichen Rot- und Brauntönen. Die sogenannten Farbwechsler ändern beim Fellwechsel ihre Farbe.

Brauner
Ein braunes Pferd mit schwarzer Mähne und Schweif

Fuchs
Ein Pferd mit rötlichem Fell wird Fuchs genannt.

Fuchsfarbwechsler
Die Fuchsfarbwechsler haben weißes Wollhaar und ein dunkleres Deckhaar.

Rappe
Es gibt nicht viele Pferde, deren Fell völlig schwarz ist.

Falbe
Ein Falbe ist beige mit einem dunklen Streifen am Rücken.

Schimmel
Weiße Pferde nennt man Schimmel.

Isabell
Solche Pferde sind goldgelb mit weißer Mähne und Schweif.

Rappfarbwechsler
Farbwechsler mit schwarzem Deck- und weißem Wollhaar sehen beim Fellwechsel bläulich aus.

Dunkelbrauner
So nennt man Pferde, die dunkelbraun bis fast schwarz sind.

Muster und Abzeichen

Manche Pferde sind einfarbig, andere haben ein auffälliges Muster. Jedes Pferd ist einzigartig und unverwechselbar.

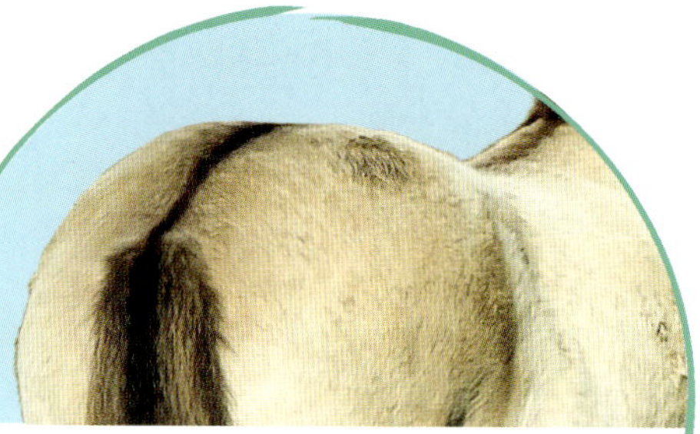

Aalstrich nennt man einen Streifen aus dunklem Fell entlang des Rückens.

Abzeichen im Gesicht

An den typischen Streifen oder anderen Mustern im Gesicht kann man Pferde leicht auseinander halten.

Laterne
Bei diesem Pferd ist das Fell des ganzen Gesichts weiß.

Blesse
Ein breiter weißer Streifen verläuft bis zum Maul.

Schnippe
Einen weißen Fleck zwischen den Nüstern nennt man Schnippe.

Gemustertes Fell

Pferde mit solchen Mustern fallen auf. Welches Muster gefällt dir am besten?

Scheckig
Dunkel und hell geflecktes Fell

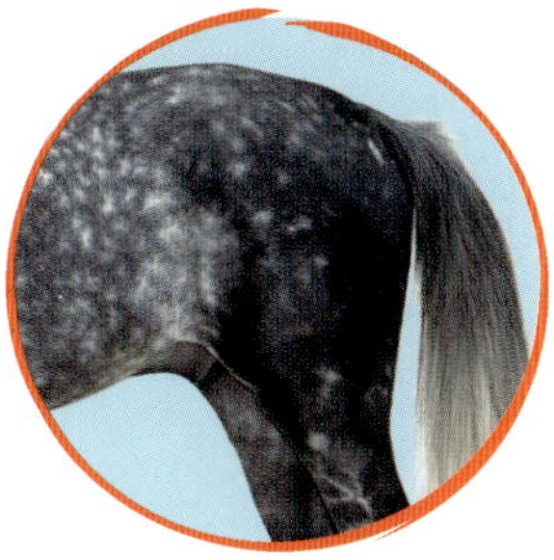

Flecken
Graues Fell mit Flecken aus helleren Haaren

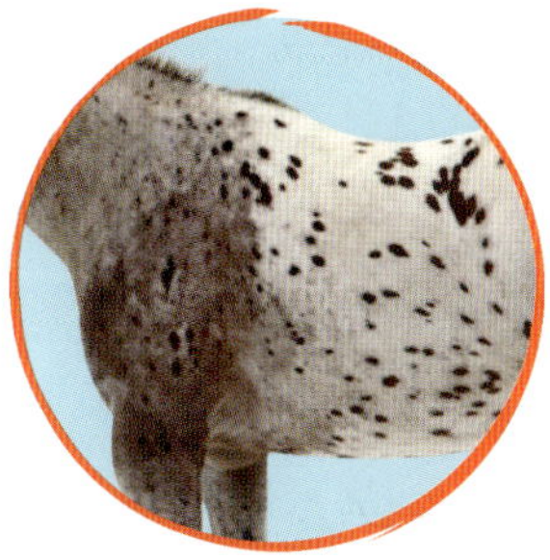

Schabracktiger
Helles Fell mit dunklen Flecken

Stern
Dieses weiße Abzeichen zwischen den Augen sieht so ähnlich aus wie ein Stern.

Schmale Blesse
Bei diesem Pferd ist die Blesse ein schmaler weißer Streifen.

Scharfe Sinne

Die Sinne der Pferde sind sehr gut entwickelt. Sie sehen und hören viel besser als wir Menschen. Und sie nehmen viele Gerüche wahr, die unsere Nase nicht riechen kann.

Ein großes Blickfeld
Weil die Augen seitlich am Kopf sitzen, hat das Pferd fast eine Rundumsicht. Nur was direkt hinter ihm passiert, sieht es nicht. Deshalb nähere dich nie von hinten.

Ein feines Gehör
Seine Ohren kann das Pferd um 180 Grad wenden. Deshalb weiß es genau, aus welcher Richtung ein Geräusch kommt.

Mit dem langen Schweif verscheucht das Pferd lästige Fliegen.

Sehr sensibel
Das Pferd reagiert schon auf leichte Berührungen. Die Muskeln zucken, wenn eine Fliege auf der Haut landet.

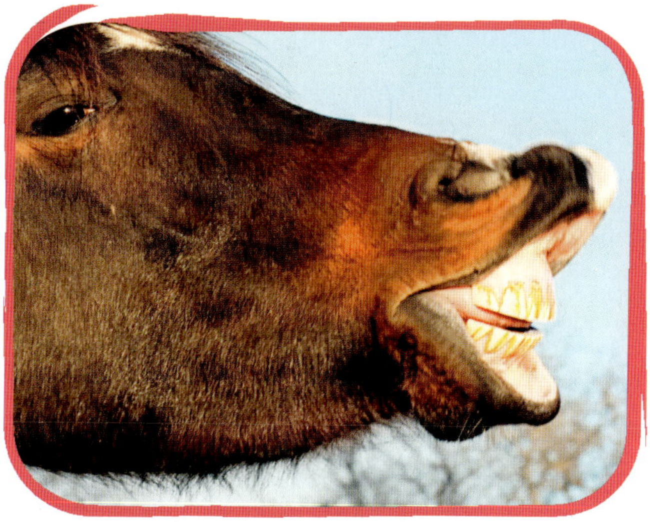

✔ Tipp

Mach in der Nähe eines Pferds keine lauten Geräusche, sonst erschrickt es. Sein Gehör ist sehr empfindlich.

Die Witterung aufnehmen

Wenn ein Pferd aussieht, als würde es lachen, schau genau hin. Wenn es den Kopf hebt und die Lippen zurückzieht, nimmt es gerade einen Geruch wahr. Man nennt dieses Verhalten Flehmen.

Lange Tasthaare umgeben das Pferdemaul. Sie sind empfindliche Sinnesorgane.

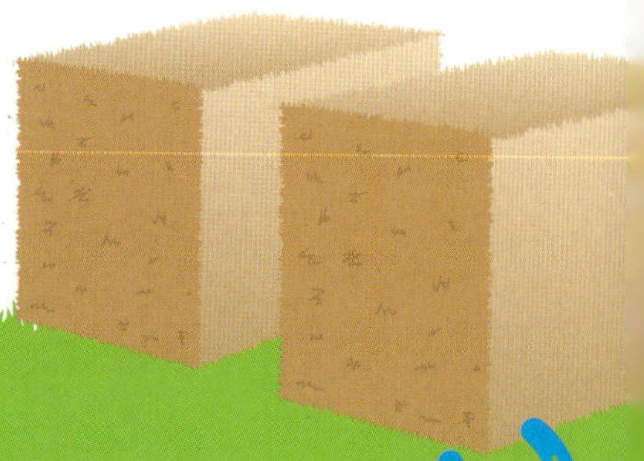

Gangarten

Ein Pferd kann sich auf verschiedene Weisen fortbewegen. Der Schritt ist am langsamsten, der Galopp am schnellsten.

Schritt
Diese langsame, gleichmäßige Fortbewegungsweise ist am natürlichsten.

Galopp
Jetzt werden die Beine ganz durchgestreckt, das Pferd galoppiert. Dabei verbraucht es sehr viel Energie.

Trab
Bewegt es seine Beine schneller, trabt das Pferd. Das ist für den Reiter oft eine holprige Angelegenheit.

Kanter
Wenn die Schritte noch schneller werden, fällt das Pferd in einen lockeren Kanter.

Alle vier Beine heben gleichzeitig vom Boden ab.

Körpersprache und Laute

Unterhalten kannst du dich mit einem Pferd natürlich nicht, aber Pferde drücken mit dem ganzen Körper aus, wie sie sich fühlen. Wenn du weißt, wie man seine Körpersprache deutet, wirst du dein Pferd viel besser verstehen.

Die Stellung der Ohren
Von den Nüstern bis zum Schweif zeigt ein Pferd seine Stimmung mit dem ganzen Körper. Zwar ist ihm das selbst nicht bewusst, aber du kannst es mit etwas Erfahrung gut beobachten.

Ein Ohr nach vorn und eins nach hinten
Dieses Pferd versucht seine Ohren auf zwei interessante Geräuschquellen gleichzeitig zu richten. Wenn es beide Ohren anlegt, kann das eine Warnung sein. Sei vorsichtig.

Der Kopf ist gebeugt
Dieses Pferd könnte dir signalisieren, dass es gern das macht, was du von ihm willst. Vielleicht ist es auch einfach entspannt und döst vor sich hin.

Pferdelaute:

Wiehern
Pferde wiehern z.B., wenn sie nach anderen Pferden oder Menschen Ausschau halten und Kontakt aufnehmen wollen.

Schnauben
Das Pferd ist irritiert und verunsichert. Es schnaubt, weil ihm etwas Neues noch nicht vertraut ist. Ist das Unbekannte vielleicht gefährlich?

Leises Wiehern
Wenn der Besitzer oder andere Pferde näher kommen, bedeutet ein leises Wiehern oder Grummeln eine Begrüßung.

Mit den Hufen scharren

Komm schon, beeil dich! Dieses Pferd langweilt sich. Es wartet darauf, dass du fertig bist und möchte endlich ausreiten.

Die Zähne zeigen

Das ist eine deutliche Warnung. Lass das Pferd jetzt in Ruhe, sonst könnte es dich beißen.

Das Pferd tritt aus

Pferde sind keine aggressiven Tiere, aber das bedeutet: Halte dich fern! Dieses Pferd hat vielleicht Angst, oder es hat gerade einen gehörigen Schrecken bekommen.

Verhalten

Pferde sind Herdentiere. Jedes Pferd kennt seine Stellung in der Gruppe genau. Es gibt einen Anführer, der dafür sorgt, dass die Regeln eingehalten werden. Nur so kann das Leben in der Gruppe funktionieren.

Vorsicht!

Für Pferde ist es wichtig, immer nach Gefahren Ausschau zu halten. Wölfe und Raubkatzen sind natürliche Feinde der Pferde.

Spielen

Die jüngsten Mitglieder der Herde spielen gern miteinander. Hengste sind meistens verspielter als Stuten.

Anführer

Wenn die Pferde das Gras abgeweidet haben, müssen sie zu einer neuen Weide ziehen. Ein Leittier beschließt, wann es Zeit dafür ist.

Freundschaft schließen

Eine Pferdefreundschaft ist geschlossen, wenn Pferde nah beieinanderstehen, sich gegenseitig beschnuppern und putzen.

Leittiere

Meistens bestimmt eine erfahrene Stute, was wann gemacht wird. Und ein Leithengst bechützt die Herde bei Gefahr.

Pferdecharakter

Pferde sind schlaue, freundliche und sanfte Tiere. Jedes Pferd hat seine ganz eigene Persönlichkeit. Aber man kann die Pferde- und Ponyrassen nach ihrem typischen Charakter verschiedenen Gruppen zuordnen.

Vollblutpferde
Diese schnellen Pferde stammen aus warmen Ländern. Sie sind lebhaft, menschenbezogen, schlau und neugierig.

Kaltblutpferde
Die schweren Pferde aus kälteren Gegenden sind meistens ziemlich entspannt. Kaltblutpferde sind ruhige und geduldige Tiere.

Warmblutpferde
Diese Pferde sind so sportlich wie Vollblutpferde, haben aber ein eher ruhiges Wesen, ähnlich wie Kaltblutpferde.

Geduld!

Bei einem Pferd darfst du niemals die Geduld verlieren. Wenn du gut mit ihm umgehst, belohnt es dich mit seiner Freundschaft. Ein Pferd erinnert sich ganz genau daran, wer es gut behandelt hat und wer nicht.

Immer wachsam

Vergiss nicht, dass Pferde immer auf der Hut vor Gefahren sind. Sie werden nervös, wenn sie eine Bedrohung wahrnehmen. Oft ergreifen sie die Flucht, wenn sie sich nicht wohlfühlen.

Reiten lernen

Anfänger und Kinder sollten das Reiten auf einem ruhigen, gutmütigen Pferd oder Pony lernen.

Pferd und Mensch

Schon seit sehr langer Zeit haben Menschen eine enge Beziehung zu Pferden. Noch heute helfen diese Tiere uns, wenn wir sie brauchen.

Bilder aus der Steinzeit
In Höhlen in verschiedenen Gegenden Europas hat man Malereien von Pferden gefunden. Einige sind 15 000 Jahre alt.

1000 v. Chr.
Damals demonstrierten Herrscher ihre Macht, indem sie in Streitwagen fuhren, die von Pferden gezogen wurden.

Im antiken Griechenland
In der griechischen Mythologie ist Pegasos ein geflügeltes Pferd.

Im Mittelalter
Die Ritter mitsamt ihren schweren Rüstungen ritten auf kräftigen Pferden.

Für Herz und Verstand

Reiten tut gut. Wer reitet, baut Stress ab und lebt deshalb gesünder.

- Wenn du ein Pferd streichelst, entspannst du dich. Verbringe möglichst viel Zeit mit deinem Lieblinspferd.
- Reiten macht glücklich. Viele Menschen können das bestätigen. Es ist ein wunderbares Erlebnis, auf dem Rücken eines Pferds zu sitzen.
- Pferde spielen gern. Das macht Spaß und schult die Aufmerksamkeit. Spiele so oft wie möglich mit deinem Lieblingspferd.

Reittherapie

Ponyreiten kann Kindern helfen, die eine körperliche Behinderung oder eine Lernschwäche haben. Der Reiter entwickelt Vertrauen zum Pferd und traut sich selbst bald mehr zu.

Pferdekutschen

Im 19. Jahrhundert reisten wohlhabende Menschen in Pferdekutschen. Später lösten Autos allmählich die Kutschen ab.

Auf dem Pferdehof

Wie alle Tiere brauchen Pferde ein Zuhause, das ihnen Schutz bietet. Wichtig sind genügend Platz und ein vor Regen geschützter Ort. Und natürlich frisches Wasser und gutes Futter.

Auf der Koppel

Die meisten Pferde verbringen einen Teil des Jahres draußen in einem umzäunten Auslauf. Hier können sie Gras fressen.

Pferdeanhänger

In einem solchen Anhänger wird das Pferd vom Stall zum Wettkampf gebracht.

Der Stall

Im Stall ist das Pferd geschützt. Es muss aber regelmäßig und viel im Freien laufen können.

Pferde schauen gern aus einem Fenster über der Stalltür. Sie wollen wissen, was draußen los ist.

Ein Pferd fühlt sich schnell einsam. Auf der Koppel weiden deshalb mehrere Tiere.

Richtig Füttern

Pferde sind große Tiere mit einem riesigen Appetit. Die meiste Zeit des Tages verbringen sie mit fressen. Manche Rassen können an einem Tag mehr als 12 kg Futter verschlingen.

Gras und Heu

Die wichtigste Nahrung für ein Pferd sind frisches und getrocknetes Gras (also Heu). Am liebsten frisst das Pferd das frische Gras draußen auf der Weide.

Das mögen Pferde

Damit ein Pferd gesund bleibt, braucht es das richtige Futter.

Kraftfutter

Wenn ein Pferd viel läuft und springt, braucht es außer Gras zusätzlich Kraftfutter. Es besteht aus verschiedenen Getreiden und liefert dem Tier viel Energie und Vitamine.

Zur Belohnung

Pferde mögen Früchte und Gemüse, aber sie sollten diese nur zur Belohnung bekommen. Karotten und Äpfel sind ideale Leckerbissen.

Wasser

Sauberes, frisches Wasser ist lebenswichtig. Ein durstiges Pferd trinkt am Tag bis zu 45 Liter Wasser.

Giftige Pflanzen

Schau ganz genau nach, was auf der Weide wächst. Einige Pflanzen sind für Pferde giftig.

Das richtige Gewicht

Wenn du die Rippen deutlich sehen kannst, ist das Pferd wahrscheinlich untergewichtig. Viel Fett unter der Mähne oben am Hals bedeutet Übergewicht.

Fell- und Hufpflege

War dein Pferd draußen auf der Koppel oder wird es bei einem Turnier teilnehmen? Dann brauchen sein Fell und seine Hufe eine sorgfältige Pflege.

Mit einer Bürste werden Staub und Schmutz entfernt. Mach das sanft und vorsichtig.

Pferdepflege

Genau wie wir müssen Pferde gewaschen und gebürstet werden. Es ist viel Arbeit, ein Pferd zu putzen, aber es macht Spaß!

Mit einem Schwamm und warmem Wasser kannst du Fell und Haut reinigen.

Die Mähne verknotet leicht. Die langen Haare müsssen deshalb oft gebürstet oder geflochten werden.

Huf und Hufeisen

Die Hufe eines Pferds bestehen aus Horn, genau wie deine Fingernägel. Man kann sie ausschneiden, ohne das Pferd zu verletzen. Das Hufeisen verhindert, dass der Huf sich auf hartem Untergrund abnutzt.

Das brauchst du:

Schweißmesser

Pferde schwitzen. Mit diesem Werkzeug kannst du den Schweiß abwischen.

Striegel

Mit dem Striegel wird getrockneter Schlamm aus dem Fell entfernt.

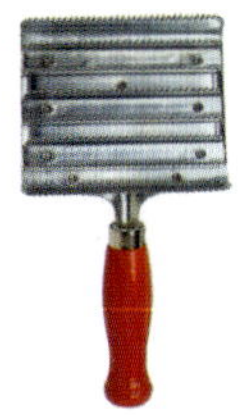

Bürste

Schmutz, Staub und lockere Haare bürstet man am besten aus dem Fell.

Kardätsche

Für geschorenes Fell und empfindliche Stellen ist diese feine Bürste geeignet.

Mähnenkamm

Wenn man die Mähne nicht täglich kämmt, kann sie verfilzen.

Hufkratzer

Mit diesem Werkzeug entfernt man Erde und Steine aus dem Huf.

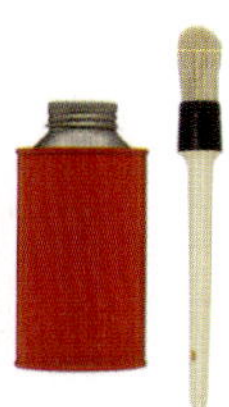

Huföl und Pinsel

Wenn man dieses Öl auf die Hufe pinselt, sind sie besser geschützt und glänzen.

Reiten macht Spaß!

Reiten ist ein sehr beliebter Sport, und es gibt viele Menschen, die Pferde lieben. Damit du sicher im Sattel sitzt, brauchst du die richtige Ausrüstung.

Gut ausgerüstet

Mit der richtigen Ausrüstung ist für die Sicherheit des Reiters gesorgt. Auch das Pferd fühlt sich wohl.

Steigbügel

Die Steigbügel aus Metall hängen am Sattel und sind eine Stütze für die Füße.

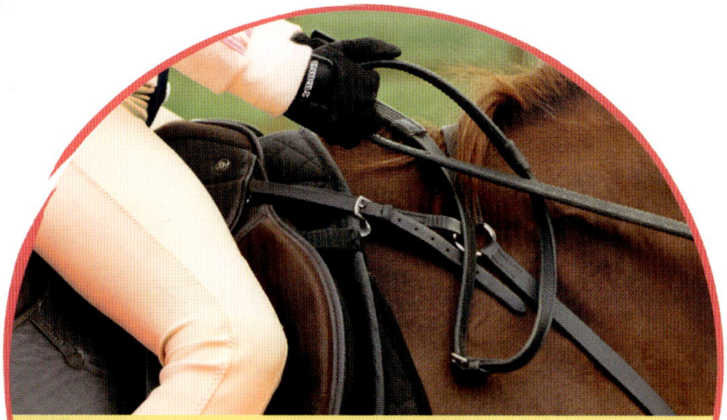

Zaumzeug

Wenn man sanft am Zügel zieht, weiß das Pferd, ob es nach links oder rechts laufen oder anhalten soll. Er ist am Gebiss befestigt.

Der Zügel ist an einem Metallstück im Maul des Pferds befestigt, das Gebiss genannt wird.

Rodeo

Ein Rodeo ist ein Wettkampf. Amerikanische Cowboys zeigen dabei auf nicht eingerittenen Pferden ihre Reitkünste.

Deine Aufgaben

Nimm den Zügel in die Hand! Pferde leben in Herden und mögen es, wenn sie einen selbstbewussten Anführer haben. Mit diesen Tipps kannst du dafür sorgen, dass dein Pferd zufrieden ist.

Mein Pferd Ronja

Checkliste

- ☐ Einem Pferd musst du dich vorsichtig nähern. Komm immer von der Seite und sei möglichst leise. Streck dem Tier deine Hand entgegen und sprich freundlich mit ihm.
- ☐ Gewöhne dein Pferd langsam an alles Neue. Lass es an unbekannten Dingen schnüffeln und sie berühren. Auch einen neuen Sattel und ungewohnte Nahrung muss es allmählich kennenlernen.
- ☐ Auch wenn dein Pferd einige Teile der Ausbildung nicht mag, solltest du sie trotzdem mit ihm machen. Im Lauf der Zeit wird es sich daran gewöhnen.
- ☐ Belohne dein Pferd, wenn es etwas gut macht. Streichle es, gib ihm Futter oder lobe es. Es soll merken, dass du stolz auf seine Fortschritte bist.

Ist dein Pferd gesund?

Prüfe vor jedem Ausritt, ob der Körper und die Beine deines Pferds in Ordnung sind. Zeigt es Anzeichen von Schmerzen? Wenn seine Ohren kalt sind und es matt und kraftlos wirkt, dann hole einen Tierarzt. Er muss das Pferd gründlich untersuchen.

Mit dem Pferd arbeiten

Beim Training entsteht eine starke Bindung zwischen dem Pferd und seinem Besitzer. Hole dein Pferd von der Koppel und führe es am Zügel. Danach kannst du mit schwierigeren Übungen beginnen.

Pferde sind Gewohnheitstiere

Wie alle Haustiere brauchen Pferde Regelmäßigkeit. Wenn du immer für dein Pferd da bist, wird es dich bald mögen und dir vertrauen. Menschen und Pferde können gute Freunde werden.

Pferde als Helfer

Pferde scheuen auch harte Arbeit nicht. Sie haben viel Kraft, lernen gern und befolgen Anweisungen. Deshalb können sie viele Aufgaben übernehmen, die für Menschen viel zu anstrengend sind.

Landwirtschaft

Seit Jahrtausenden ziehen Pferde Pflüge und tragen schwere Lasten. Einige Bauernhöfe in abgelegenen Gegenden sind heute noch auf Pferde angewiesen.

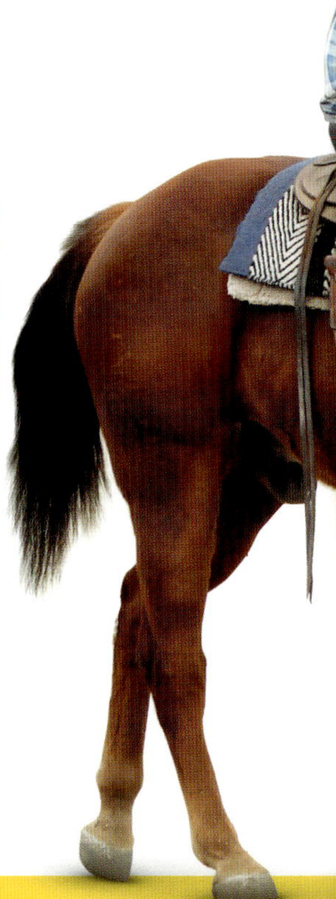

Wahre Helden

Manche Pferde waren mutiger und schneller oder hielten länger durch als die meisten ihrer Artgenossen.

Comanche

In der Schlacht am Little Bighorn kämpfte 1876 die US-Armee gegen Indianerstämme. Von der US-Armee überlebte nur ein Pferd namens Comanche.

Cowboys

In den USA trieben Cowboys auf den riesigen Farmen die Rinder zusammen. Manchmal saßen sie 15 Stunden am Tag im Sattel.

Polizeipferde

Polizeipferde müssen die Ruhe bewahren, wenn es in ihrer Umgebung laut und unruhig wird. Oft nehmen sie an Sportveranstaltungen oder Paraden teil.

Sergeant Reckless

Dieses Pferd brachte den Soldaten im Koreakrieg (1950-1953) Verpflegung. Obwohl die Stute 2-mal verletzt wurde, arbeitete sie tapfer weiter.

Red Rum

Das Rennpferd Red Rum gewann 3-mal das berühmte englische Hindernisrennen Grand National: 1973, 1974 und 1977.

Pferdesport

Beim Springreiten müssen Pferd und Reiter über Hindernisse springen, um möglichst viele Punkte zu erzielen. Oft geht es um Geschwindigkeit und Genauigkeit. Bei anderen Parcours muss das Pferd in schwierigem Gelände zurechtkommen.

Sprünge

Bei den meisten Turnieren (Wettkämpfen) gibt es solche Hindernisse. Wenn man die Stangen nur leicht berührt, fallen sie aus dem Gestell.

Gymkhana

Junge Reiter können auf Ponys an Turnieren teilnehmen, die man Gymkhanas nennt. Die Kinder müssen den Parcour – festgelegte Strecke mit Hindernissen – in möglichst kurzer Zeit reiten. Dabei zeigen sie, wie gut sie mit ihrem Pferd umgehen können.

Wassergraben

Das Pferd muss über den Graben springen. Wenn es die Wasseroberfläche berührt, gibt es einen Punkteabzug.

Mauer

Die Ziegel der Mauer bestehen aus leichtem Kunststoff. Berührt das Pferd die Mauer so, dass Ziegel herausfallen, werden Punkte abgezogen.

Vollblut- und Warmblutpferde

Halte dich fest! Diese Pferde können sehr schnell rennen. Früher zogen sie Kutschen und Wagen. Heute sind sie Reit- und Rennpferde.

Diese Pferde gibt es in vielen verschiedenen Farben.

Englische Vollblutpferde können 64 km/h schnell rennen.

Englisches Vollblut

Das schnellste Pferd der Welt ist das Englische Vollblut. Es ist leicht, aber kräftig und ausdauernd.

Araber

Diese schönen Pferde lebten früher in den Wüsten Asiens. Berühmte Menschen, wie Napoleon, ritten auf Arabern. Die Rasse ist eine der ältesten Pferderassen der Welt.

Steckbrief

Herkunft: Arabische Halbinsel

Stockmaß: Bis etwa 156 cm

Gewicht: Etwa 450 kg

Farbe: Verschieden, meist braun, rot, weiß, schwarz oder grau

Charakter: Schlau, robust, menschenbezogen und lebhaft

Eignung: Als Reit- und Rennpferd, für Distanzreiten über weite Strecken

Achal-Tekkiner

Das Fell dieser Pferde schimmert wunderschön. Die Rasse ist leicht und schnell, deshalb sind Achal-Tekkiner gute Rennpferde.

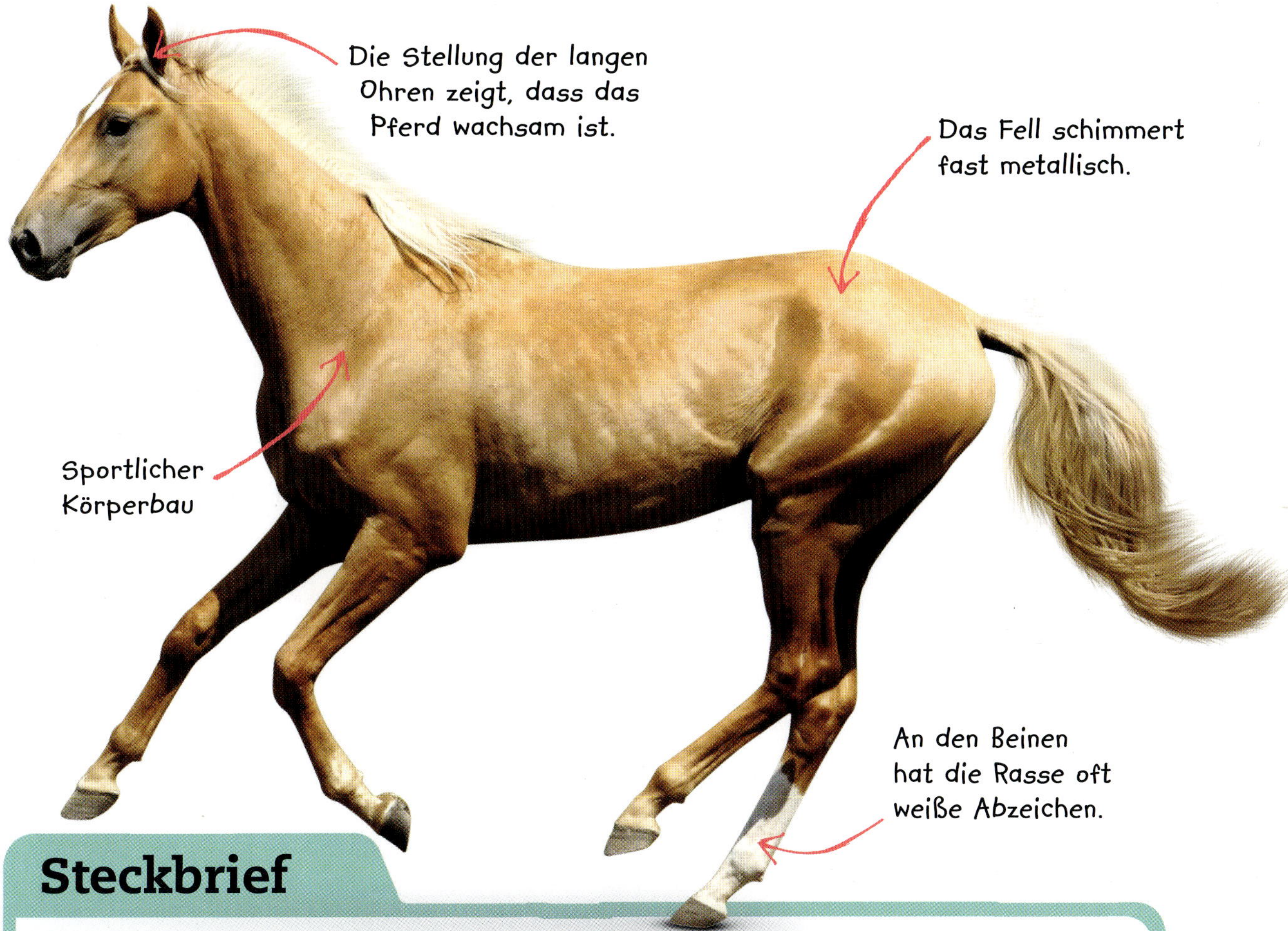

Steckbrief

Herkunft: Turkmenistan und Russland

Stockmaß: Bis etwa 168 cm

Gewicht: Etwa 450 kg

Farbe: Meist schwarz oder braun

Charakter: Nervenstark, aber empfindsam und sanft, menschenbezogen und leistungsbereit

Eignung: Als Reit- und Rennpferd, für Turniere, Vielseitigkeits- und Distanzreiten

Trakehner

Dieses hübsche Pferd ist nach dem Dorf in Ostpreußen benannt, wo es vor 300 Jahren gezüchtet wurde. Heute nimmt es oft an Turnieren teil.

Steckbrief

Herkunft: Ostpreußen im heutigen Polen

Stockmaß: Bis etwa 170 cm

Gewicht: Etwa 540 kg

Farbe: Verschieden, meist schwarz

Charakter: Nervenstark, zuverlässig, schlau und leistungsbereit

Eignung: Als Reit- und Turnierpferd

Holsteiner

Bei Turnieren ist dieses sportliche Pferd ein Naturtalent. Es kann über sehr hohe Hürden springen und nimmt deshalb oft bei Olympiaden teil.

Steckbrief

- **Herkunft:** Deutschland
- **Stockmaß:** Bis etwa 175 cm
- **Gewicht:** Etwa 465 kg
- **Farbe:** Verschieden, meist schwarz oder braun
- **Charakter:** Mutig, lebhaft, zuverlässig und sensibel
- **Eignung:** Als Reit- und Turnierpferd

Lipizzaner

Diese weißen Pferde können tanzen. Die seltene Rasse ist dafür bekannt, dass sie sich elegant und geschickt im Takt der Musik bewegt.

Das Fell ist zunächst dunkel, dann wird es immer heller und schließlich weiß.

Mit seinen muskulösen Beinen kann das Pferd genau abgestimmte Bewegungen machen.

Wenn das Pferd die Beine schnell bewegt, sieht es aus, als würde es tanzen.

Steckbrief

- **Herkunft:** Spanien
- **Stockmaß:** Bis 162 cm
- **Gewicht:** Etwa 520 kg
- **Farbe:** Fast immer weiß
- **Charakter:** Freundlich, lebhaft, schlau, leistungsbereit und zuverlässig
- **Eignung:** Für Dressurreiten und als Reitpferd

Quarter Horse

Das Quarter Horse war die erste Pferderasse, die man in Amerika gezüchtet hat. Es wurde auf Farmen als Arbeitspferd eingesetzt. Es ist zwar eher klein, aber kräftig, schnell und ausdauernd.

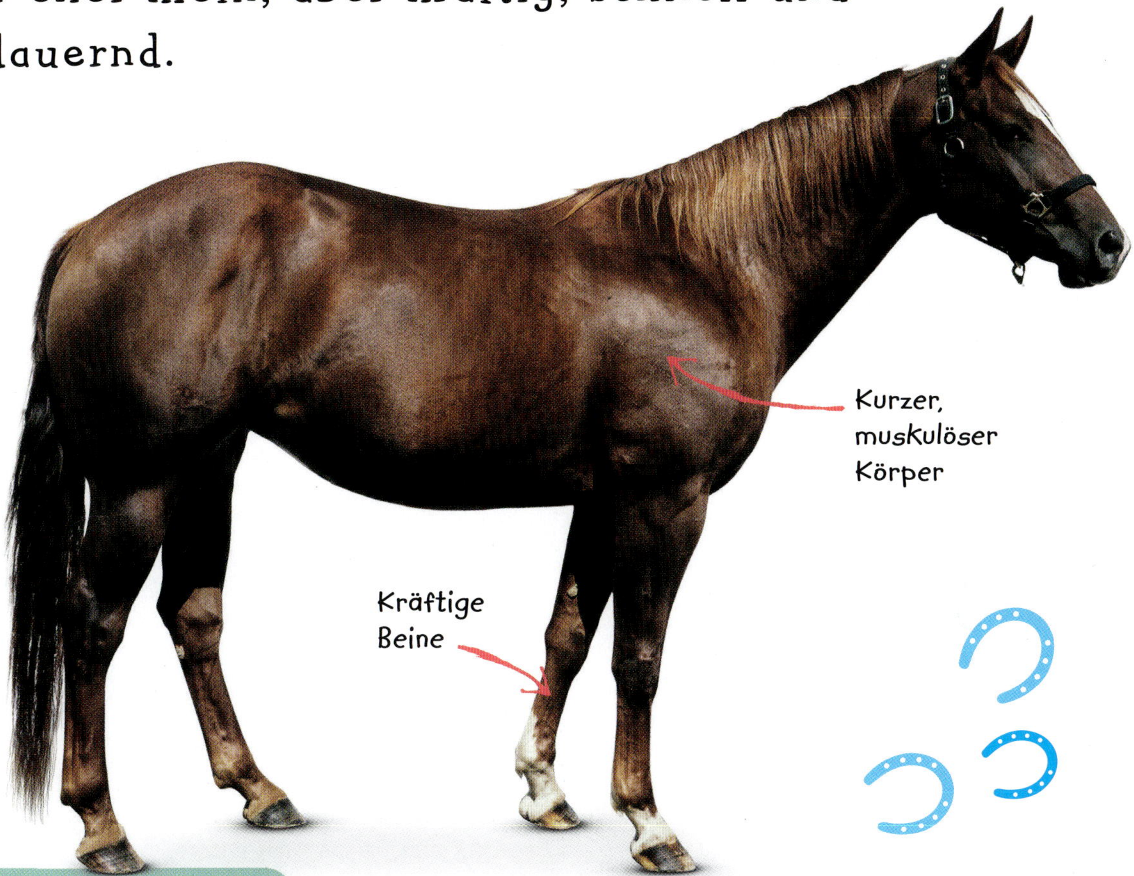

Steckbrief

Herkunft: USA

Stockmaß: Bis etwa 175 cm

Gewicht: Etwa 485 kg

Farbe: Viele Farben und Muster

Charakter: Schlau, ruhig, sehr lernfähig und freundlich

Eignung: Als Reit- und Rennpferd

Kaltblutpferde

Achtung, hier kommt ein Schwergewicht! Kaltblutpferde können sehr hart arbeiten. Schon seit sehr langer Zeit transportieren sie schwere Lasten für uns.

Die meisten Kaltblüter sind sanfte Riesen.

Das Shire Horse kann bis zu 5000 kg Gewicht ziehen.

Shire Horse

Das englische Shire Horse ist die größte Pferderasse der Welt.

Friese

Die dunkle Schönheit aus den Niederlanden ist ein schweres Pferd, das hart arbeiten kann. Im Mittelalter trugen Friesen Ritter in der Rüstung zur Schlacht.

Steckbrief

Herkunft: Niederlande

Stockmaß: Bis etwa 175 cm

Gewicht: Etwa 655 kg

Farbe: Schwarz

Charakter: Leistungsbereit, sanftmütig, zuverlässig und menschenbezogen

Eignung Als Reit- und Dressurpferd, zum Ziehen von Kutschen

Schleswiger Kaltblut

Früher zogen diese starken Pferde Straßenbahnen und Kutschen. Auf dem Land schleppten sie Baumstämme und wurden beim Pflügen der Felder eingesetzt.

Der Körper ist kräftig und muskulös.

Die kräftigen Beine sind sehr gelenkig.

Steckbrief

Herkunft: Deutschland

Stockmaß: Bis etwa 162 cm

Gewicht: Etwa 635 kg

Farbe: Meist rotbraun

Charakter: Schlau, ruhig, freundlich, leistungsbereit und zuverlässig

Eignung: Als Reitpferd und für die Arbeit auf Bauernhöfen

Ponys

Die hübschen kleinen Ponys und die zierlichen Miniaturpferde sind für Kinder ideale Reitpferde. Ponys sind Pferde mit einem Stockmaß von höchstens 148 cm.

Es gibt mehr als 200 Ponyrassen.

Schon seit dem 11. Jahrhundert leben im New Forest in England Ponys.

New-Forest-Pony
Dieses kleine, freundliche Pony ist überraschend kräftig und robust.

Shetlandpony

Klein, aber oho! Das Shetlandpony ist die kleinste der alten Ponyrassen. Die kleinen Tiere sind nicht nur willensstark, sondern auch erstaunlich robust und sehr kräftig.

Steckbrief

- **Herkunft:** Shetlandinseln
- **Stockmaß:** Bis 107 cm
- **Gewicht:** Bis etwa 200 kg
- **Farbe:** Viele Farben und Muster
- **Charakter:** Unabhängig, eigensinnig, robust und freundlich
- **Eignung:** Zum Ziehen von Wagen, als Reitpferd für Kinder und Turnierpferd

Das Pony kann das Doppelte seines eigenen Gewichts ziehen.

Es ist zwar klein, aber stark!

Islandpony

Diese besondere Rasse ist deshalb so bekannt, weil es sich nicht nur im Schritt, im Trab, im Kanter und im Galopp fortbewegen kann. Islandponys beherrschen auch den Tölt, einen speziellen schnellen Schritt.

Steckbrief

- **Herkunft:** Island
- **Stockmaß:** Bis 148 cm
- **Gewicht:** Etwa 380 kg
- **Farbe:** Variabel
- **Charakter:** Robust, schlau, freundlich und unabhängig
- **Eigunung:** Zum Hüten von Schafen, für Turniere und als Reitpferd

Sandelholz-Pony

Das Sandelholz-Pony stammt von den wunderschönen indonesischen Inseln Sumba und Sumbawa. Es ist nach den Sandelholzbäumen benannt, die dort wachsen.

Steckbrief

Herkunft: Indonesien

Stockmaß: Bis etwa 132 cm

Gewicht: Etwa 300 kg

Farbe: Verschieden

Charakter: Freundlich, lebhaft, leistungswillig und lernfähig

Eignung: Für Turniere, als Reitpferd und für die Arbeit auf Farmen

Was weißt du über Pferde?

Es gibt Hunderte von Pferderassen auf der Welt. Deshalb muss man sich ganz schön viel merken, wenn man über Pferde Bescheid wissen will. Mit diesem Quiz kannst du dein Wissen testen.

1. Welche dieser Rassen ist die kleinste Pferderasse der Welt?

- ☐ **a)** Friese
- ☐ **b)** Falabella
- ☐ **c)** Araber

2. Wie lange dauert es ungefähr, bis ein Pferd ausgewachsen ist?

- ☐ **a)** 4 Jahre
- ☐ **b)** 10 Jahre
- ☐ **c)** 20 Jahre

3. Wie nennt man ein weibliches Fohlen?

- ☐ **a)** Hengstfohlen
- ☐ **b)** Stute
- ☐ **c)** Stutfohlen

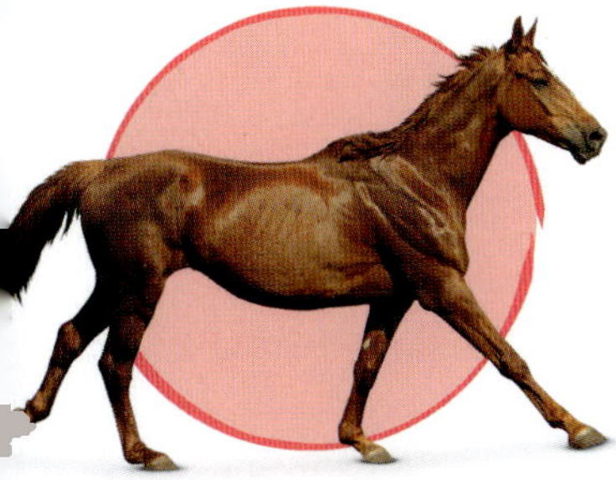

4. Welche Gangart ist die schnellste?

☐ a) Trab
☐ b) Galopp
☐ c) Kanter

5. Was ist die ideale Pferdebelohnung?

☐ a) Karotten und Äpfel
☐ b) Schinken und Salami
☐ c) Kuchen und Schokolade

6. Welche dieser Rassen ist die schnellste?

☐ a) Shetlandpony
☐ b) Shire Horse
☐ c) Englisches Vollblut

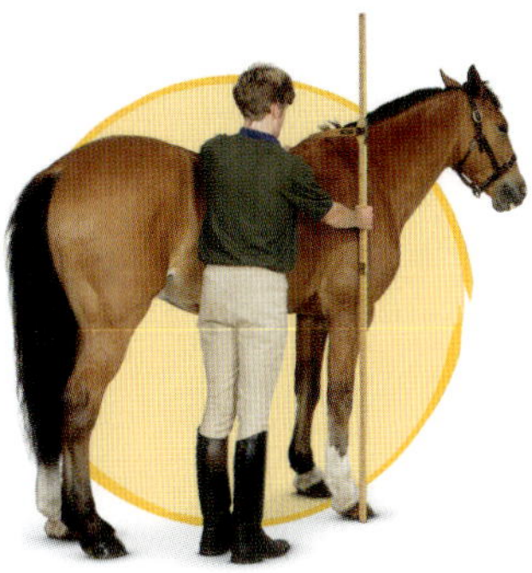

7. Was bedeutet das Stockmaß?

☐ a) Die Höhe des Pferds vom Boden bis zu den Ohrenspitzen
☐ b) Die Höhe vom Boden bis zum Widerrist
☐ c) Die Länge vom Maul bis zum Schweif

Antworten:

1.b) 2.a) 3.c) 4.b) 5.a) 6.c) 7.b)

Glossar

Behang
Einige Pferderassen haben lange Haare unten an den Beinen, die die Hufe bedecken.

Dressur
Ein Pferd lernt bei der Dressur bestimmte Bewegungen perfekt auszuführen.

Fohlen
Ein sehr junges Pferd.

Gebiss
Ein Mundstück für das Pferd, mit dem der Reiter es lenken kann. Es ist meistens aus Metall und man nennt es auch Trense.

Hengst
Ein erwachsenes männliches Pferd.

Herde
Gruppe mit einer bestimmten Rangordnung, in der Pferde leben.

Huf
Einige Säugetiere haben Hufe an den Füßen. Sie bestehen aus Horn wie deine Fingernägel und schützen die Zehenspitzen beim Laufen.

Kaltblutpferde
Schwere Pferde aus kühleren Gegenden der Erde nennt man Kaltblutpferde oder Kaltblüter.

Koppel
Ein kleines, abgezäuntes Stück Weide, das man auch Paddock nennt.

Mähne
Das Haar hinten am Pferdehals.

Maul
Der Mund eines Pferds.

Nüstern
Bezeichnung für die Nasenöffnungen von Pferden.

Pony
Ein Pferd mit einem Stockmaß von höchstens 148 cm.

Rasse
Die Pferde einer bestimmten Rasse haben typische Merkmale, wie z. B. eine bestimmte Farbe, Größe und Kopfform.

Sattel
Der Sitz für den Reiter, der auf dem Pferderücken befestigt wird.

Schweif
Langer, buschiger Schwanz des Pferds.

Steigbügel
Diese Stützen für die Füße des Reiters sind mit Bändern am Sattel befestigt.

Stute
Ein erwachsenes weibliches Pferd.

Vollblutpferde
So nennt man schnelle Pferde aus warmen Regionen der Erde.

Warmblutpferde
So nennt man mittelschwere Pferde, die nicht so ruhig wie Kaltblutpferde, aber auch nicht so lebhaft wie Vollblutpferde sind.

Widerrist
Der höchste Punkt des Pferderückens.

Wildpferd
Ein Pferd, das in der Natur lebt und dessen Vorfahren nie von Menschen gezähmt wurden.

Zügel
Mit diesem Band, das meistens aus Leder ist, lenkt man das Pferd.

Register

Dank und Bildnachweis

Dorling Kindersley dankt Eleanor Bates, Helen Peters und Sally Beets.

Der Verlag dankt folgenden Personen und Organisationen für die freundliche Genehmigung zum Abdruck von Fotos:

(Abkürzungen: o = oben, u = unten, m = Mitte, l = links, r = rechts, g = ganz)

1 123RF.com: byrdyak. **3 123RF.com:** Martha Snider (ul). **Alamy Stock Photo:** Moritz Wolf / imageBROKER (ur). **4 Dorling Kindersley:** Bob Langrish / Pegasus, Kilverstone Wildlife Park / Falabella (um). **4-5 Dreamstime.com:** Dreamzdesigner. **5 123RF.com:** Carlos Caetano / ccaetano (mlu). **Dorling Kindersley:** Bob Langrish / Bay, Mrs Scott, Hendon (gor); Jerry Young (m). **6 Dorling Kindersley:** Bob Langrish/ Jim Lockwood, Courage Shire Horse Centre. **7 Dorling Kindersley:** Gary Ombler. **8-9 Dreamstime.com:** Viacheslav Nemyrivskyi. **9 Dreamstime.com:** Anjajuli (ur); Jose Manuel Gelpi Diaz (gor); Anastasia Shapochkina (mr). **10-11 123RF.com:** byrdyak (um). **10 Alamy Stock Photo:** Tierfotoagentur / R. Richter (gor, ml, ul). **11 Alamy Stock Photo:** Tierfotoagentur / R. Richter (gol, m); Tierfotoagentur / S. Starick (um). **12 123RF.com:** Rene van den Berg (ur). **Dorling Kindersley:** Bob Langrish (m). **Dreamstime.com:** Viktoria Makarova / Bjakko (ul). **13 123RF.com:** Svetlana Churkina (gor); Viacheslav Nemyrivskyi (ur). **Alamy Stock Photo:** Mark J. Barrett (ml). **Dreamstime.com:** Tamara Bauer (mr); Dawn Young (ul). **14 123RF.com:** Robert Francis (gor). **Dorling Kindersley:** Bob Langrish / Spooks, Peter Munt, Ascot Driving Stables, Berks / Gelderlander Horse (um); Bob Langrish / Hyppolyte, Haras National De Pau, Gelos 64110, Jurancon (mru). **Dreamstime.com:** Terry Alexander / Terdonal (mlu). **15 123RF.com:** Nigel Baker (gol). **Alamy Stock Photo:** Tierfotoagentur / C. Demmelbauer-Ebner (mlu). **16 123RF.com:** globalphoto (gor). **Depositphotos Inc:** okiepony (mlu). **16-17 123RF.com:** Martha Snider (um). **17 Dreamstime.com:** Pimmimemom (gol); Brad Sauter (mr). **20 123RF.com:** Viktoria Makarova (ml). **Dreamstime.com:** Jacqueline Nix (ul); Pavlos Rekas / Preckas (mru). **21 123RF.com:** Kseniya Abramova (mru); MembrÃ © Joffrey (gol). **Alamy Stock Photo:** Juniors Bildarchiv GmbH / R315 (ul); Carol Walker / naturepl.com (ml). **22 123RF.com:** Kseniya Abramova (ml). **22-23 iStockphoto.com:** Simply-CreativePhotography (u). **23 123RF.com:** Anastasija Popova (gom). **24 Alamy Stock Photo:** MediaWorldImages (mlu). **Dreamstime.com:** Kseniya Abramova / Tristana (mro). **25 Alamy Stock Photo:** Juniors Bildarchiv GmbH / F368; Foto Grebler (mlu). **26 Depositphotos Inc:** Kacpura (ml). **Dorling Kindersley:** The Trustees of the British Museum (ul); Royal Armouries, Leeds (ur). **27 Alamy Stock Photo:** PE Forsberg (ul); Nik Taylor (ml). **28 123RF.com:** Evgeniya Gappova (ur); Zuzana Tillerova (mro); Dmytro Tolmachov (um). **29 123RF.com:** Ina van Hateren (m); Zuzana Tillerova (um, gom); Golubenko Svetlana (gom/Pferd); Mary R. Vogt (gor). **30 123RF.com:** pitrs. **31 Dreamstime.com:** Tracy Decourcy / Rimglow (mro); Chee Siong Teh / Tehcheesiong (mlu); Olga Lipatova (ur). **33 Dorling Kindersley:** Jerry Young (mo, mu). **35 123RF.com:** Margo Harrison (mu). **36 Dreamstime.com:** Stocksolutions (r). **37 Dreamstime.com:** Anna Cvetkova (gol). **38 Alamy Stock Photo:** Andrzej Gorzkowski Photography (ml); The History Collection (um). **38-39 Dreamstime.com:** Customposterdesigns (m). **39 Alamy Stock Photo:** Trinity Mirror / Mirrorpix (um); PJF Military Collection (ul). **Dreamstime.com:** Nigel Spiers (mr). **40 123RF.com:** mreco99 (ml). **41 Alamy Stock Photo:** Steven Roe (gol). **42-43 123RF.com:** Golubenko Svetlana. **44 Dreamstime.com:** John Furlotte. **45 Dreamstime.com:** Maria Itina. **46 Dreamstime.com:** Kseniya Abramova / Tristana. **47 iStockphoto.com:** purple_queue. **48 iStockphoto.com:** Somogyvari. **50-51 123RF.com:** Eric Isselee. **56-57 Alamy Stock Photo:** ELF Photography. **58 Alamy Stock Photo:** Moritz Wolf / imageBROKER. **60 123RF.com:** Nigel Baker (ul). **Alamy Stock Photo:** Tierfotoagentur / S. Starick (mlu). **Dorling Kindersley:** Bob Langrish / Pegasus, Kilverstone Wildlife Park / Falabella (ml). **61 123RF.com:** Petar Dojkic (mlo); Anastasija Popova / virgonira (gol). **64 Dreamstime.com:** Eric Isselee

Cover: *Vorn:* **Dorling Kindersley:** Duke / Jim Lockwood from the Courage Shire Horse Centre. (ul); **Dreamstime.com:** Isselee (mlo), Isselee (ur); *Hinten:* **Dorling Kindersley:** Jerry Young (mo); **iStockphoto.com:** GlobalP (mlu); *Rücken:* **Dorling Kindersley:** W&H Gidden Ltd (go); **Fotolia:** Eric Isselee (u).